(Conserver la couverture)

ORAISON FUNÈBRE

DE

M. l'Abbé LE BÈGUE

Curé de Wimille

CHANOINE HONORAIRE D'ARRAS

PRONONCÉE

LE JOUR DES FUNÉRAILLES

PAR

M. l'Abbé JONAS,

Grand-Doyen de l'arrondissement de Boulogne

Le 17 Février 1876.

Boulogne — Imprimerie de F. Delahodde, Rue Royale.

ORAISON FUNÈBRE

DE

M. l'Abbé LE BÈGUE

Curé de Wimille

Chanoine honoraire d'Arras

prononcée

LE JOUR DES FUNÉRAILLES

par

M. l'Abbé JONAS,

Grand-Doyen de l'arrondissement de Boulogne

Le 17 Février 1876.

Pieux Fidèles de la Paroisse de Wimille :

Avant de confier à la terre la dépouille mortelle de celui qui fut votre Pasteur, et dont la mort a jeté au sein de vos familles éplorées le deuil et la tristesse, permettez que je vienne, en mon nom et aussi au nom de tous mes bien-aimés confrères, vous dire quelques mots du vénéré défunt qui a fourni une longue carrière dans les difficiles travaux du ministère sacerdotal.

Je ne vous parlerai pas de son enfance qui fut pieuse et sainte comme celle de tout jeune lévite aspirant à l'honneur du sacerdoce ; ni de ses humanités qu'il ne fit pas sans quelques succès au collège de Montreuil, sous l'habile direction du vénéré M. Delvaulle, l'une des gloires de notre diocèse. Je ne vous parlerai pas non plus de son séjour au grand Séminaire, où il sut conquérir l'estime de ses condisciples et de ses maîtres par sa pieuse régularité ; mais je veux surtout vous le montrer comme prêtre, dans le ministère paroissial, comme vicaire ou comme curé, dévoré du zèle de la gloire de Dieu et du salut des âmes. Vous le savez, mes frères, ce fut dans cette paroisse, dont il devait être plus tard le zélé et bien-aimé pasteur, oui, c'est ici qu'il fit, si je puis parler ainsi, ses premières armes sous l'habile direction de deux saints prêtres, glorieux débris de l'ancien clergé Boulonnais, dont la mémoire est toujours en bénédiction au milieu de vous et dont le souvenir est impérissable dans vos cœurs reconnaissants ; oui, c'est ici, au milieu de cette excellente paroisse de Wimille qu'il fit ses débuts dans le ministère paroissial, et vous, mes frères, qui l'avez connu alors, vous savez avec quel zèle il s'acquittait de ses nobles et saintes fonctions : à l'autel, en chaire, au saint tribunal de la pénitence, partout il était prêtre, l'homme de Dieu, l'ambassadeur de Jésus-Christ, l'ami des pauvres et des deshérités de ce monde ; il avait surtout une tendre sollicitude pour les malades, les blessés et les infirmes, toujours prêt, et le jour et la nuit, pour aller leur porter les consolations de son ministère et les aider dans le terrible passage du temps à l'éternité ; quel respect surtout et quelle vénération pour ces deux vénérables vieillards, modèles de toutes les vertus chrétiennes et sacerdotales.

Après quelques années passées dans ce laborieux, mais fructueux ministère, ses supérieurs crurent que le moment était venu de lui confier une paroisse où son zèle pût se développer à son aise; c'est ainsi qu'il fut successivement nommé curé de Maninghen et de Zoteux, mais il ne fit, pour ainsi dire, que passer dans ces deux paroisses. Il fallait à M. Le Bègue un autre théâtre, plus en harmonie avec ses talents, ses vertus, avec les aspirations de son âme sacerdotale ; ses supérieurs le comprirent, et il fut nommé vicaire à l'importante paroisse de St-Joseph, à Boulogne, où il a laissé de bons souvenirs, des amis bien fidèles et bien dévoués. Au sein de cette paroisse, où s'étaient conservées les nobles traditions de la foi et de la piété, où florissaient un grand nombre d'œuvres sous le souffle de l'ardente charité du pasteur et des pieux fidèles, il trouva à exercer son zèle qui devenait chaque jour plus actif, plus dévorant, et un jour, il conçut même le projet de dire adieu à sa patrie, de se consacrer aux missions lointaines. Averti de ce pieux dessein, Mgr. Parisis, de sainte et vénérée mémoire, s'opposa à son départ, et pour le retenir au sein de son clergé, lui confia une mission importante, et c'est là que votre vénéré pasteur put développer toute son activité et faire valoir toutes les ressources de sa foi et de son dévouement. Il fut donc envoyé à Equihen avec le titre de missionnaire, et les journaux du temps nous ont conservé, avec tous leurs détails, le récit de ce grand événement. Mgr. Parisis, accompagné de M. le Sous-Préfet de l'arrondissement de Boulogne, suivi d'un nombreux cortège de personnes notables de Boulogne et des environs voulut lui-même procéder à l'installation du jeune missionnaire d'Equihen, en présence de toute la population de ce hameau, ivre de joie et de bonheur. « Mes amis, leur dit le vénéré prélat avec émotion, depuis longtemps vous souffrez d'être éloignée de toute église et de tout prêtre, depuis longtemps vous désirez un curé résidant chez vous pour l'instruction de vos enfants et pour l'accomplissement de vos devoirs religieux, eh bien ! Dieu a inspiré au cœur d'un bon prêtre le désir de se sacrifier pour vous. Il quitte une position honorable, une position qu'il honore lui-même par ses vertus, son zèle et ses talents, il quitte tout pour se dévouer à votre bonheur et au salut de vos âmes. Ce prêtre, le voici : c'est M. l'abbé Le Bègue, vicaire de St-Joseph à Boulogne. J'espère que vous le dédommagerez de son sacrifice par votre docilité, votre obéissance, votre bonne conduite. Dès ce moment, il a tous les pouvoirs nécessaires pour vous administrer tous les secours de la religion.

Mes amis, continua le Prélat, vous n'avez pas d'église, pas de presbytère, pas d'école, ayez confiance, les secours vous viendront du dehors, l'espérance du Prélat ne fut pas trompée. Dès ce jour, le nouveau curé d'Equihen, encouragé par l'illustre Prélat, confiant d'ailleurs en la divine Providence, se met résolument à l'œuvre. Il se fait quêteur ; il sollicite l'or du riche et l'obole du pauvre. Dieu bénit visiblement son œuvre ; l'église, commencée en 1853, fut livrée au culte en 1856 et les derniers travaux exécutés en 1858. Après avoir élevé un temple au Seigneur, il songea au presbytère, puis il bâtit une école pour les petites filles dont la direction devait être confiée aux religieuses de la congrégation de Saint-Joseph d'Abbeville. Vous dire ce que cette œuvre coûta au zélé pasteur, de temps, de travaux, de courses, de fatigues, de soucis de tous genres, vous le devinez plus facilement que e ne puis le dire ; rien ne put le décourager. Sa foi soutint son ardeur, et il eut la consolation de voir cette œuvre, qui suffirait à elle seule pour honorer le ministère du plus zélé pasteur. Ai-je besoin de vous dire qu'en même temps que l'homme de Dieu élevait un temple à la gloire du Seigneur, et qui sera là pour les générations futures aussi bien que pour les générations présentes, un gage de sa foi et de son dévouement, il s'efforçait de former Jésus-Christ dans les cœurs de ses paroissiens. Il prêchait, catéchisait, visitait les malades, secourait les pauvres, se faisait tout à tous pour les gagner tous à Jésus-Christ. Tant de zèle ne pouvait rester méconnu. Mgr. Parisis, juste appréciateur du mérite, voulant lui témoigner sa haute satisfaction et le récompenser de son zèle, le nomma curé de l'importante paroisse de Wimille; ce ne fut pas sans déchirement de cœur qu'il quitta une paroisse qui lui devait tout, qu'il avait dotée d'une église, d'un presbytère, d'une école de filles.

C'était en 1859, M. Le Bègue revenait donc à son point de départ. Il vous avait donné les prémices de son zèle sacerdotal, il vous revenait dans la maturité de l'âge avec la sagesse de l'expérience. Aussi, avec quelle joie, avec quel saint empressement ne fut-il pas reçu au milieu de vous. Il y venait, non pour se reposer, mais pour travailler encore à la vigne du Seigneur et, continuer au milieu de vous ce ministère actif, fructueux, que la mort seule pouvait désormais interrompre. Pieux habitants de Wimille, je ne puis que faire appel à vos souvenirs, car vous avez été les témoins de ses efforts et de ses succès, et je puis bien dire, par votre docilité et votre généreux empressement à répondre à tous ses désirs, vous avez su encourager son ministère, et vous êtes vous-mêmes le fruit de ses travaux, et si l'on juge l'arbre par ses fruits, il est évident qu'il fut un bon prêtre, celui qui a su conserver au sein de vos familles la foi des anciens âges, et vous préserver de cette indifférence religieuse qui est le mal de notre société contemporaine. Oui, cette paroisse si bien cultivée par ses deux vénérés prédécesseurs, arrosée de ses fatigues et de ses sueurs, est restée une des meilleures du Boulonnais, je devrais dire de tout le diocèse ; pasteur vigilant et toujours inquiet, il veillait sur son cher troupeau avec une tendre sollicitude, et si le plus grand nombre des fidèles confiés à ses soins répondaient aux efforts de son zèle, il savait aussi que les habitants d'un hameau de sa paroisse, placé au milieu des sables, sur les bords de l'Océan, échappaient, à cause de la distance, à l'influence salutaire de l'action paroissiale. Son cœur de prêtre s'émut de cette situation, et il prit la résolution de doter aussi ce hameau d'une église et d'une école pour la jeunesse, et ce projet, vous le savez, mes frères, il le réalisa avec ses propres ressources, se dépouillant volontairement d'un héritage qu'il pouvait légitimement conserver, (et aujourd'hui le hameau de Wimereux possède une église). Tant de travaux menés à bonne fin, tant de dévouement pour la gloire de Dieu et le salut des âmes, tant d'entreprises qui dénotaient une grande énergie, de hautes capacités, devaient le désigner pour une position supérieure, et n'eut été son attachement pour sa paroisse et aux œuvres qu'il y avait fondées, le bon pasteur vous eut été enlevé pour aller porter sur un plus grand théâtre l'exercice de son ministère ; c'est alors que Mgr. Parisis, voulant lui donner un nouveau témoignage de sa haute estime, le nomma chanoine honoraire de sa cathédrale.

Malgré tant de fatigues, M. Le Bègue, grâce à sa forte constitution pouvait, ce semble, se promettre de longues années de vie ; mais Dieu en avait décidé autrement. Frappé au mois de juin dernier d'un de ces coups qui ruinent les plus robustes tempéraments et déjouent toutes les ressources de l'art. Toutefois, le vaillant soldat, qui avait été frappé d'une manière si soudaine et si inopinée, se releva peu à peu, et vous le vîtes réapparaître au milieu de vous, portant les traces, sans doute, du coup terrible qui l'avait frappé ; mais avec quelle bonté, quelle douceur, quelle patience et quelle sainte résignation, chaque jour vous l'avez vu monter au saint autel, s'asseoir au tribunal de la pénitence, et, du haut de cette chaire, vous distribuer encore le pain de la parole sainte ; mais, hélas ! visiblement ses forces trahissaient sa volonté, et il était évident pour tous qu'une catastrophe était prochaine, que ses jours étaient comptés, qu'il était mûr pour le ciel, et que le Seigneur ne tarderait pas à rappeler à lui son zélé serviteur.

Frappé de nouveau jeudi soir, Dieu, dont les miséricordes sont infinies, lui donna le temps de se purifier dans les eaux salutaires du sacrement de pénitence et réconforté de l'huile des mourants, le surlendemain il rendit sa belle âme à Dieu... Ah ! mes frères, ne pouvons-nous pas lui mettre dans la bouche ces paroles de l'apôtre : Seigneur, j'ai combattu le bon combat ; j'ai conservé la foi ; j'ai achevé ma course : J'attends du juste juge la récompense du fidèle serviteur.

Pieux habitants de Wimille, en face de ce cercueil, promettez-lui de garder fidèlement les leçons qu'il vous a données. Sa bouche, glacée par la mort, n'est pas encore muette. Prêtez une dernière fois l'oreille à ses enseignements : car ce cercueil est une chaire d'où il vous parle pour la dernière fois, d'où il vous prêche avec une irrésistible éloquence le néant de la vie, de la vanité des hommes et des biens de ce monde, la nécessité de la vertu. Il nous dit à tous : Une seule chose est nécessaire. *Porro unum necessarium.* Seigneur Jésus, pontife des biens futurs, votre prêtre a combattu le bon combat, il a terminé sa course, il ne lui reste plus qu'à recevoir la couronne de justice que votre bonté lui tient en réserve. Toutefois, ô mon Dieu, votre serviteur a participé à la commune fragilité : n'entrez donc pas en jugement avec lui, parce que nul homme ne sera justifié devant vous, si la rémission de ses péchés ne lui est accordée en vertu de la rémission surabondante opérée par le sang de Jésus-Christ. C'est pourquoi, mes frères, nous devons tous prier pour lui, oui, nous prierons, nous, parce qu'il fut notre frère dans le sacerdoce ; vous prierez, vous, parce qu'il fut votre pasteur, le père et le guide de vos âmes, l'instrument dont Dieu s'est servi pour répandre sur vous toutes ses grâces ; nous prierons tous, afin qu'il plaise à Dieu, s'il ne l'a déjà fait, le recevoir dans le sein de sa miséricordieuse bonté, et lui faire goûter les joies du paradis. Ainsi-soit-il.

Une Souscription est ouverte dans la paroisse de Wimille, dans le but d'ériger un monument funèbre à la mémoire de M. l'abbé LE BÈGUE.

Les offrandes seront reçues par M. LOIRE-FLAHAUT, membre du Conseil de Fabrique, et par M. ARNOULT, secrétaire de la Mairie de Wimille.

www.ingramcontent.com/pod-product-compliance
Lightning Source LLC
Chambersburg PA
CBHW061626040426
42450CB00010B/2692